This Book Belongs To

DOG TRAINING LOG

DATE: **LESSON:**

MATERIALS

- _____
- _____
- _____
- _____
- _____
- _____
- _____
- _____
- _____
- _____

THINGS WE LEARNT

THINGS TO WORK ON

· ·

DATE: **LESSON:**

MATERIALS

- _____
- _____
- _____
- _____
- _____
- _____
- _____
- _____
- _____
- _____

THINGS WE LEARNT

THINGS TO WORK ON

DOG TRAINING LOG

DATE: _____ **LESSON:** _____

MATERIALS

- _____
- _____
- _____
- _____
- _____
- _____
- _____
- _____
- _____

THINGS WE LEARNT

THINGS TO WORK ON

· ·

DATE: _____ **LESSON:** _____

MATERIALS

- _____
- _____
- _____
- _____
- _____
- _____
- _____
- _____
- _____

THINGS WE LEARNT

THINGS TO WORK ON

DOG TRAINING LOG

DATE: _____ **LESSON:** _____

MATERIALS

- _____
- _____
- _____
- _____
- _____
- _____
- _____
- _____
- _____
- _____

THINGS WE LEARNT

THINGS TO WORK ON

· ·

DATE: _____ **LESSON:** _____

MATERIALS

- _____
- _____
- _____
- _____
- _____
- _____
- _____
- _____
- _____
- _____

THINGS WE LEARNT

THINGS TO WORK ON

DOG TRAINING LOG

DATE: _____ **LESSON:** _____

MATERIALS

- _____
- _____
- _____
- _____
- _____
- _____
- _____
- _____
- _____

THINGS WE LEARNT

THINGS TO WORK ON

DATE: _____ **LESSON:** _____

MATERIALS

- _____
- _____
- _____
- _____
- _____
- _____
- _____
- _____
- _____

THINGS WE LEARNT

THINGS TO WORK ON

DOG TRAINING LOG

DATE: **LESSON:**

MATERIALS

- _____
- _____
- _____
- _____
- _____
- _____
- _____
- _____
- _____
- _____
- _____

THINGS WE LEARNT

THINGS TO WORK ON

• •

DATE: **LESSON:**

MATERIALS

- _____
- _____
- _____
- _____
- _____
- _____
- _____
- _____
- _____
- _____
- _____

THINGS WE LEARNT

THINGS TO WORK ON

DOG TRAINING LOG

DATE: _____ **LESSON:** _____

MATERIALS

- [ ] _____
- [ ] _____
- [ ] _____
- [ ] _____
- [ ] _____
- [ ] _____
- [ ] _____
- [ ] _____
- [ ] _____
- [ ] _____

THINGS WE LEARNT

THINGS TO WORK ON

• •

DATE: _____ **LESSON:** _____

MATERIALS

- [ ] _____
- [ ] _____
- [ ] _____
- [ ] _____
- [ ] _____
- [ ] _____
- [ ] _____
- [ ] _____
- [ ] _____

THINGS WE LEARNT

THINGS TO WORK ON

DOG TRAINING LOG

DATE: _____ **LESSON:** _____

MATERIALS

- _____
- _____
- _____
- _____
- _____
- _____
- _____
- _____
- _____

THINGS WE LEARNT

THINGS TO WORK ON

• •

DATE: _____ **LESSON:** _____

MATERIALS

- _____
- _____
- _____
- _____
- _____
- _____
- _____
- _____
- _____

THINGS WE LEARNT

THINGS TO WORK ON

DOG TRAINING LOG

DATE: _____   **LESSON:** _____

MATERIALS

- _____
- _____
- _____
- _____
- _____
- _____
- _____
- _____
- _____

THINGS WE LEARNT

THINGS TO WORK ON

• •

DATE: _____   **LESSON:** _____

MATERIALS

- _____
- _____
- _____
- _____
- _____
- _____
- _____
- _____
- _____

THINGS WE LEARNT

THINGS TO WORK ON

DOG TRAINING LOG

DATE: ⬜⬜⬜⬜⬜⬜ **LESSON:** ⬜⬜⬜⬜⬜⬜

MATERIALS

- ☐ _____
- ☐ _____
- ☐ _____
- ☐ _____
- ☐ _____
- ☐ _____
- ☐ _____
- ☐ _____
- ☐ _____
- ☐ _____

THINGS WE LEARNT

THINGS TO WORK ON

• •

DATE: ⬜⬜⬜⬜⬜⬜ **LESSON:** ⬜⬜⬜⬜⬜⬜

MATERIALS

- ☐ _____
- ☐ _____
- ☐ _____
- ☐ _____
- ☐ _____
- ☐ _____
- ☐ _____
- ☐ _____
- ☐ _____
- ☐ _____

THINGS WE LEARNT

THINGS TO WORK ON

DOG TRAINING LOG

DATE: **LESSON:**

MATERIALS

- _____
- _____
- _____
- _____
- _____
- _____
- _____
- _____
- _____
- _____

THINGS WE LEARNT

THINGS TO WORK ON

· ·

DATE: **LESSON:**

MATERIALS

- _____
- _____
- _____
- _____
- _____
- _____
- _____
- _____
- _____
- _____

THINGS WE LEARNT

THINGS TO WORK ON

DOG TRAINING LOG

DATE: **LESSON:**

MATERIALS

- _____
- _____
- _____
- _____
- _____
- _____
- _____
- _____
- _____
- _____

THINGS WE LEARNT

THINGS TO WORK ON

· ·

DATE: **LESSON:**

MATERIALS

- _____
- _____
- _____
- _____
- _____
- _____
- _____
- _____
- _____

THINGS WE LEARNT

THINGS TO WORK ON

DOG TRAINING LOG

DATE: **LESSON:**

MATERIALS

- [ ] _____
- [ ] _____
- [ ] _____
- [ ] _____
- [ ] _____
- [ ] _____
- [ ] _____
- [ ] _____
- [ ] _____
- [ ] _____

THINGS WE LEARNT

THINGS TO WORK ON

• •

DATE: **LESSON:**

MATERIALS

- [ ] _____
- [ ] _____
- [ ] _____
- [ ] _____
- [ ] _____
- [ ] _____
- [ ] _____
- [ ] _____
- [ ] _____

THINGS WE LEARNT

THINGS TO WORK ON

DOG TRAINING LOG

DATE: **LESSON:**

MATERIALS

- _____
- _____
- _____
- _____
- _____
- _____
- _____
- _____
- _____
- _____

THINGS WE LEARNT

THINGS TO WORK ON

· ·

DATE: **LESSON:**

MATERIALS

- _____
- _____
- _____
- _____
- _____
- _____
- _____
- _____
- _____
- _____

THINGS WE LEARNT

THINGS TO WORK ON

DOG TRAINING LOG

DATE: _____ **LESSON:** _____

MATERIALS

- _____
- _____
- _____
- _____
- _____
- _____
- _____
- _____
- _____

THINGS WE LEARNT

THINGS TO WORK ON

• •

DATE: _____ **LESSON:** _____

MATERIALS

- _____
- _____
- _____
- _____
- _____
- _____
- _____
- _____
- _____

THINGS WE LEARNT

THINGS TO WORK ON

DOG TRAINING LOG

DATE: _____ **LESSON:** _____

MATERIALS

- _____
- _____
- _____
- _____
- _____
- _____
- _____
- _____
- _____
- _____

THINGS WE LEARNT

THINGS TO WORK ON

DATE: _____ **LESSON:** _____

MATERIALS

- _____
- _____
- _____
- _____
- _____
- _____
- _____
- _____
- _____
- _____

THINGS WE LEARNT

THINGS TO WORK ON

DOG TRAINING LOG

DATE: **LESSON:**

MATERIALS

- _____
- _____
- _____
- _____
- _____
- _____
- _____
- _____
- _____

THINGS WE LEARNT

THINGS TO WORK ON

• •

DATE: **LESSON:**

MATERIALS

- _____
- _____
- _____
- _____
- _____
- _____
- _____
- _____
- _____

THINGS WE LEARNT

THINGS TO WORK ON

DOG TRAINING LOG

DATE: **LESSON:**

MATERIALS

- _____
- _____
- _____
- _____
- _____
- _____
- _____
- _____
- _____
- _____

THINGS WE LEARNT

THINGS TO WORK ON

· ·

DATE: **LESSON:**

MATERIALS

- _____
- _____
- _____
- _____
- _____
- _____
- _____
- _____
- _____
- _____

THINGS WE LEARNT

THINGS TO WORK ON

DOG TRAINING LOG

DATE: **LESSON:**

MATERIALS

- _____
- _____
- _____
- _____
- _____
- _____
- _____
- _____
- _____
- _____

THINGS WE LEARNT

THINGS TO WORK ON

· ·

DATE: **LESSON:**

MATERIALS

- _____
- _____
- _____
- _____
- _____
- _____
- _____
- _____
- _____
- _____

THINGS WE LEARNT

THINGS TO WORK ON

DOG TRAINING LOG

DATE: _____ **LESSON:** _____

MATERIALS

- _____
- _____
- _____
- _____
- _____
- _____
- _____
- _____
- _____
- _____

THINGS WE LEARNT

THINGS TO WORK ON

• •

DATE: _____ **LESSON:** _____

MATERIALS

- _____
- _____
- _____
- _____
- _____
- _____
- _____
- _____
- _____
- _____

THINGS WE LEARNT

THINGS TO WORK ON

DOG TRAINING LOG

DATE: _____ **LESSON:** _____

MATERIALS

- _____
- _____
- _____
- _____
- _____
- _____
- _____
- _____
- _____

THINGS WE LEARNT

THINGS TO WORK ON

· ·

DATE: _____ **LESSON:** _____

MATERIALS

- _____
- _____
- _____
- _____
- _____
- _____
- _____
- _____
- _____

THINGS WE LEARNT

THINGS TO WORK ON

DOG TRAINING LOG

DATE: _____   **LESSON:** _____

MATERIALS

- _____
- _____
- _____
- _____
- _____
- _____
- _____
- _____
- _____

THINGS WE LEARNT

THINGS TO WORK ON

· ·

DATE: _____   **LESSON:** _____

MATERIALS

- _____
- _____
- _____
- _____
- _____
- _____
- _____
- _____
- _____

THINGS WE LEARNT

THINGS TO WORK ON

DOG TRAINING LOG

DATE: _____ **LESSON:** _____

MATERIALS

- [ ] _____
- [ ] _____
- [ ] _____
- [ ] _____
- [ ] _____
- [ ] _____
- [ ] _____
- [ ] _____
- [ ] _____
- [ ] _____

THINGS WE LEARNT

THINGS TO WORK ON

· ·

DATE: _____ **LESSON:** _____

MATERIALS

- [ ] _____
- [ ] _____
- [ ] _____
- [ ] _____
- [ ] _____
- [ ] _____
- [ ] _____
- [ ] _____
- [ ] _____
- [ ] _____

THINGS WE LEARNT

THINGS TO WORK ON

DOG TRAINING LOG

DATE: _____ **LESSON:** _____

MATERIALS

- _____
- _____
- _____
- _____
- _____
- _____
- _____
- _____
- _____

THINGS WE LEARNT

THINGS TO WORK ON

· ·

DATE: _____ **LESSON:** _____

MATERIALS

- _____
- _____
- _____
- _____
- _____
- _____
- _____
- _____
- _____

THINGS WE LEARNT

THINGS TO WORK ON

DOG TRAINING LOG

DATE: _____ **LESSON:** _____

MATERIALS

- _____
- _____
- _____
- _____
- _____
- _____
- _____
- _____
- _____
- _____

THINGS WE LEARNT

THINGS TO WORK ON

· ·

DATE: _____ **LESSON:** _____

MATERIALS

- _____
- _____
- _____
- _____
- _____
- _____
- _____
- _____
- _____

THINGS WE LEARNT

THINGS TO WORK ON

DOG TRAINING LOG

DATE: _____ **LESSON:** _____

MATERIALS

- _____
- _____
- _____
- _____
- _____
- _____
- _____
- _____
- _____
- _____

THINGS WE LEARNT

THINGS TO WORK ON

• •

DATE: _____ **LESSON:** _____

MATERIALS

- _____
- _____
- _____
- _____
- _____
- _____
- _____
- _____
- _____
- _____

THINGS WE LEARNT

THINGS TO WORK ON

DOG TRAINING LOG

DATE: _____ **LESSON:** _____

MATERIALS

- _____
- _____
- _____
- _____
- _____
- _____
- _____
- _____
- _____

THINGS WE LEARNT

THINGS TO WORK ON

- -

DATE: _____ **LESSON:** _____

MATERIALS

- _____
- _____
- _____
- _____
- _____
- _____
- _____
- _____
- _____

THINGS WE LEARNT

THINGS TO WORK ON

DOG TRAINING LOG

DATE: **LESSON:**

MATERIALS

THINGS WE LEARNT

- [ ] _____
- [ ] _____
- [ ] _____
- [ ] _____
- [ ] _____
- [ ] _____
- [ ] _____
- [ ] _____
- [ ] _____
- [ ] _____

THINGS TO WORK ON

• •

DATE: **LESSON:**

MATERIALS

THINGS WE LEARNT

- [ ] _____
- [ ] _____
- [ ] _____
- [ ] _____
- [ ] _____
- [ ] _____
- [ ] _____
- [ ] _____
- [ ] _____
- [ ] _____

THINGS TO WORK ON

DOG TRAINING LOG

DATE: ⬜⬜⬜⬜ **LESSON:** ⬜⬜⬜⬜

MATERIALS

- ☐ _____
- ☐ _____
- ☐ _____
- ☐ _____
- ☐ _____
- ☐ _____
- ☐ _____
- ☐ _____
- ☐ _____

THINGS WE LEARNT

THINGS TO WORK ON

• •

DATE: ⬜⬜⬜⬜ **LESSON:** ⬜⬜⬜⬜

MATERIALS

- ☐ _____
- ☐ _____
- ☐ _____
- ☐ _____
- ☐ _____
- ☐ _____
- ☐ _____
- ☐ _____
- ☐ _____

THINGS WE LEARNT

THINGS TO WORK ON

DOG TRAINING LOG

DATE: _____ **LESSON:** _____

MATERIALS

- _____
- _____
- _____
- _____
- _____
- _____
- _____
- _____
- _____
- _____

THINGS WE LEARNT

THINGS TO WORK ON

· ·

DATE: _____ **LESSON:** _____

MATERIALS

- _____
- _____
- _____
- _____
- _____
- _____
- _____
- _____
- _____

THINGS WE LEARNT

THINGS TO WORK ON

DOG TRAINING LOG

DATE: _____ **LESSON:** _____

MATERIALS

- _____
- _____
- _____
- _____
- _____
- _____
- _____
- _____
- _____
- _____

THINGS WE LEARNT

THINGS TO WORK ON

DATE: _____ **LESSON:** _____

MATERIALS

- _____
- _____
- _____
- _____
- _____
- _____
- _____
- _____
- _____

THINGS WE LEARNT

THINGS TO WORK ON

DOG TRAINING LOG

DATE: **LESSON:**

MATERIALS

- _____
- _____
- _____
- _____
- _____
- _____
- _____
- _____
- _____
- _____

THINGS WE LEARNT

THINGS TO WORK ON

· ·

DATE: **LESSON:**

MATERIALS

- _____
- _____
- _____
- _____
- _____
- _____
- _____
- _____
- _____

THINGS WE LEARNT

THINGS TO WORK ON

DOG TRAINING LOG

DATE: _____   **LESSON:** _____

MATERIALS

- _____
- _____
- _____
- _____
- _____
- _____
- _____
- _____
- _____
- _____

THINGS WE LEARNT

THINGS TO WORK ON

· ·

DATE: _____   **LESSON:** _____

MATERIALS

- _____
- _____
- _____
- _____
- _____
- _____
- _____
- _____
- _____

THINGS WE LEARNT

THINGS TO WORK ON

DOG TRAINING LOG

DATE: _____ **LESSON:** _____

MATERIALS

- _____
- _____
- _____
- _____
- _____
- _____
- _____
- _____
- _____

THINGS WE LEARNT

THINGS TO WORK ON

DATE: _____ **LESSON:** _____

MATERIALS

- _____
- _____
- _____
- _____
- _____
- _____
- _____
- _____
- _____

THINGS WE LEARNT

THINGS TO WORK ON

DOG TRAINING LOG

DATE: _____ **LESSON:** _____

MATERIALS

- [ ] _____
- [ ] _____
- [ ] _____
- [ ] _____
- [ ] _____
- [ ] _____
- [ ] _____
- [ ] _____
- [ ] _____
- [ ] _____

THINGS WE LEARNT

THINGS TO WORK ON

• •

DATE: _____ **LESSON:** _____

MATERIALS

- [ ] _____
- [ ] _____
- [ ] _____
- [ ] _____
- [ ] _____
- [ ] _____
- [ ] _____
- [ ] _____
- [ ] _____
- [ ] _____

THINGS WE LEARNT

THINGS TO WORK ON

DOG TRAINING LOG

DATE: **LESSON:**

MATERIALS

- _____
- _____
- _____
- _____
- _____
- _____
- _____
- _____
- _____
- _____

THINGS WE LEARNT

THINGS TO WORK ON

• •

DATE: **LESSON:**

MATERIALS

- _____
- _____
- _____
- _____
- _____
- _____
- _____
- _____
- _____
- _____

THINGS WE LEARNT

THINGS TO WORK ON

DOG TRAINING LOG

DATE: _____ **LESSON:** _____

MATERIALS

- _____
- _____
- _____
- _____
- _____
- _____
- _____
- _____
- _____
- _____

THINGS WE LEARNT

THINGS TO WORK ON

· ·

DATE: _____ **LESSON:** _____

MATERIALS

- _____
- _____
- _____
- _____
- _____
- _____
- _____
- _____
- _____
- _____

THINGS WE LEARNT

THINGS TO WORK ON

DOG TRAINING LOG

DATE: **LESSON:**

MATERIALS

- _____
- _____
- _____
- _____
- _____
- _____
- _____
- _____
- _____
- _____
- _____

THINGS WE LEARNT

THINGS TO WORK ON

· ·

DATE: **LESSON:**

MATERIALS

- _____
- _____
- _____
- _____
- _____
- _____
- _____
- _____
- _____

THINGS WE LEARNT

THINGS TO WORK ON

DOG TRAINING LOG

DATE: **LESSON:**

MATERIALS

- _____
- _____
- _____
- _____
- _____
- _____
- _____
- _____
- _____
- _____

THINGS WE LEARNT

THINGS TO WORK ON

· ·

DATE: **LESSON:**

MATERIALS

- _____
- _____
- _____
- _____
- _____
- _____
- _____
- _____
- _____

THINGS WE LEARNT

THINGS TO WORK ON

DOG TRAINING LOG

DATE: _____ **LESSON:** _____

MATERIALS

- _____
- _____
- _____
- _____
- _____
- _____
- _____
- _____
- _____
- _____

THINGS WE LEARNT

THINGS TO WORK ON

- -

DATE: _____ **LESSON:** _____

MATERIALS

- _____
- _____
- _____
- _____
- _____
- _____
- _____
- _____
- _____
- _____

THINGS WE LEARNT

THINGS TO WORK ON

DOG TRAINING LOG

DATE: _____ **LESSON:** _____

MATERIALS

- _____
- _____
- _____
- _____
- _____
- _____
- _____
- _____
- _____
- _____

THINGS WE LEARNT

THINGS TO WORK ON

· ·

DATE: _____ **LESSON:** _____

MATERIALS

- _____
- _____
- _____
- _____
- _____
- _____
- _____
- _____
- _____
- _____

THINGS WE LEARNT

THINGS TO WORK ON

DOG TRAINING LOG

DATE: **LESSON:**

MATERIALS

- _____
- _____
- _____
- _____
- _____
- _____
- _____
- _____
- _____
- _____

THINGS WE LEARNT

THINGS TO WORK ON

• •

DATE: **LESSON:**

MATERIALS

- _____
- _____
- _____
- _____
- _____
- _____
- _____
- _____
- _____

THINGS WE LEARNT

THINGS TO WORK ON

DOG TRAINING LOG

DATE: **LESSON:**

MATERIALS

- _____
- _____
- _____
- _____
- _____
- _____
- _____
- _____
- _____
- _____

THINGS WE LEARNT

THINGS TO WORK ON

- -

DATE: **LESSON:**

MATERIALS

- _____
- _____
- _____
- _____
- _____
- _____
- _____
- _____
- _____

THINGS WE LEARNT

THINGS TO WORK ON

DOG TRAINING LOG

DATE: _____ **LESSON:** _____

MATERIALS

- _____
- _____
- _____
- _____
- _____
- _____
- _____
- _____
- _____
- _____

THINGS WE LEARNT

THINGS TO WORK ON

• •

DATE: _____ **LESSON:** _____

MATERIALS

- _____
- _____
- _____
- _____
- _____
- _____
- _____
- _____
- _____

THINGS WE LEARNT

THINGS TO WORK ON

DOG TRAINING LOG

DATE: _____ **LESSON:** _____

MATERIALS

- _____
- _____
- _____
- _____
- _____
- _____
- _____
- _____
- _____
- _____

THINGS WE LEARNT

THINGS TO WORK ON

• •

DATE: _____ **LESSON:** _____

MATERIALS

- _____
- _____
- _____
- _____
- _____
- _____
- _____
- _____
- _____
- _____

THINGS WE LEARNT

THINGS TO WORK ON

DOG TRAINING LOG

DATE: **LESSON:**

MATERIALS

- _____
- _____
- _____
- _____
- _____
- _____
- _____
- _____
- _____
- _____

THINGS WE LEARNT

THINGS TO WORK ON

· ·

DATE: **LESSON:**

MATERIALS

- _____
- _____
- _____
- _____
- _____
- _____
- _____
- _____
- _____

THINGS WE LEARNT

THINGS TO WORK ON

DOG TRAINING LOG

DATE: **LESSON:**

MATERIALS

- _____
- _____
- _____
- _____
- _____
- _____
- _____
- _____
- _____

THINGS WE LEARNT

THINGS TO WORK ON

• •

DATE: **LESSON:**

MATERIALS

- _____
- _____
- _____
- _____
- _____
- _____
- _____
- _____
- _____

THINGS WE LEARNT

THINGS TO WORK ON

DOG TRAINING LOG

DATE: **LESSON:**

MATERIALS

- _____
- _____
- _____
- _____
- _____
- _____
- _____
- _____
- _____
- _____

THINGS WE LEARNT

THINGS TO WORK ON

• •

DATE: **LESSON:**

MATERIALS

- _____
- _____
- _____
- _____
- _____
- _____
- _____
- _____
- _____
- _____

THINGS WE LEARNT

THINGS TO WORK ON

DOG TRAINING LOG

DATE: _____   **LESSON:** _____

MATERIALS

- _____
- _____
- _____
- _____
- _____
- _____
- _____
- _____
- _____

THINGS WE LEARNT

THINGS TO WORK ON

• •

DATE: _____   **LESSON:** _____

MATERIALS

- _____
- _____
- _____
- _____
- _____
- _____
- _____
- _____
- _____

THINGS WE LEARNT

THINGS TO WORK ON

DOG TRAINING LOG

DATE: **LESSON:**

MATERIALS   ## THINGS WE LEARNT

- _____
- _____
- _____
- _____
- _____
- _____
- _____
- _____
- _____
- _____

THINGS TO WORK ON

DATE: **LESSON:**

MATERIALS   ## THINGS WE LEARNT

- _____
- _____
- _____
- _____
- _____
- _____
- _____
- _____
- _____

THINGS TO WORK ON

DOG TRAINING LOG

DATE: _____ **LESSON:** _____

MATERIALS

- _____
- _____
- _____
- _____
- _____
- _____
- _____
- _____
- _____
- _____

THINGS WE LEARNT

THINGS TO WORK ON

• •

DATE: _____ **LESSON:** _____

MATERIALS

- _____
- _____
- _____
- _____
- _____
- _____
- _____
- _____
- _____
- _____

THINGS WE LEARNT

THINGS TO WORK ON

DOG TRAINING LOG

DATE: ⬚⬚⬚⬚⬚ **LESSON:** ⬚⬚⬚⬚⬚

MATERIALS

- _____
- _____
- _____
- _____
- _____
- _____
- _____
- _____
- _____
- _____

THINGS WE LEARNT

THINGS TO WORK ON

• •

DATE: ⬚⬚⬚⬚⬚ **LESSON:** ⬚⬚⬚⬚⬚

MATERIALS

- _____
- _____
- _____
- _____
- _____
- _____
- _____
- _____
- _____
- _____

THINGS WE LEARNT

THINGS TO WORK ON

DOG TRAINING LOG

DATE: _____ **LESSON:** _____

MATERIALS

- _____
- _____
- _____
- _____
- _____
- _____
- _____
- _____
- _____
- _____

THINGS WE LEARNT

THINGS TO WORK ON

• •

DATE: _____ **LESSON:** _____

MATERIALS

- _____
- _____
- _____
- _____
- _____
- _____
- _____
- _____
- _____
- _____

THINGS WE LEARNT

THINGS TO WORK ON

DOG TRAINING LOG

DATE: _____ **LESSON:** _____

MATERIALS

- _____
- _____
- _____
- _____
- _____
- _____
- _____
- _____
- _____

THINGS WE LEARNT

THINGS TO WORK ON

....

DATE: _____ **LESSON:** _____

MATERIALS

- _____
- _____
- _____
- _____
- _____
- _____
- _____
- _____
- _____

THINGS WE LEARNT

THINGS TO WORK ON

DOG TRAINING LOG

DATE: _____ **LESSON:** _____

MATERIALS

- _____
- _____
- _____
- _____
- _____
- _____
- _____
- _____
- _____
- _____

THINGS WE LEARNT

THINGS TO WORK ON

• •

DATE: _____ **LESSON:** _____

MATERIALS

- _____
- _____
- _____
- _____
- _____
- _____
- _____
- _____
- _____
- _____

THINGS WE LEARNT

THINGS TO WORK ON

DOG TRAINING LOG

DATE: **LESSON:**

MATERIALS

- _____
- _____
- _____
- _____
- _____
- _____
- _____
- _____
- _____
- _____

THINGS WE LEARNT

THINGS TO WORK ON

· ·

DATE: **LESSON:**

MATERIALS

- _____
- _____
- _____
- _____
- _____
- _____
- _____
- _____
- _____
- _____

THINGS WE LEARNT

THINGS TO WORK ON

DOG TRAINING LOG

DATE: **LESSON:**

MATERIALS

- _____
- _____
- _____
- _____
- _____
- _____
- _____
- _____
- _____
- _____

THINGS WE LEARNT

THINGS TO WORK ON

• •

DATE: **LESSON:**

MATERIALS

- _____
- _____
- _____
- _____
- _____
- _____
- _____
- _____
- _____
- _____

THINGS WE LEARNT

THINGS TO WORK ON

DOG TRAINING LOG

DATE: _____ **LESSON:** _____

MATERIALS

- _____
- _____
- _____
- _____
- _____
- _____
- _____
- _____
- _____
- _____

THINGS WE LEARNT

THINGS TO WORK ON

• •

DATE: _____ **LESSON:** _____

MATERIALS

- _____
- _____
- _____
- _____
- _____
- _____
- _____
- _____
- _____
- _____

THINGS WE LEARNT

THINGS TO WORK ON

DOG TRAINING LOG

DATE: _____ **LESSON:** _____

MATERIALS

- _____
- _____
- _____
- _____
- _____
- _____
- _____
- _____
- _____
- _____

THINGS WE LEARNT

THINGS TO WORK ON

· ·

DATE: _____ **LESSON:** _____

MATERIALS

- _____
- _____
- _____
- _____
- _____
- _____
- _____
- _____
- _____
- _____

THINGS WE LEARNT

THINGS TO WORK ON

DOG TRAINING LOG

DATE: **LESSON:**

MATERIALS

- _____
- _____
- _____
- _____
- _____
- _____
- _____
- _____
- _____
- _____

THINGS WE LEARNT

THINGS TO WORK ON

• •

DATE: **LESSON:**

MATERIALS

- _____
- _____
- _____
- _____
- _____
- _____
- _____
- _____
- _____

THINGS WE LEARNT

THINGS TO WORK ON

DOG TRAINING LOG

DATE: _____ **LESSON:** _____

MATERIALS

- _____
- _____
- _____
- _____
- _____
- _____
- _____
- _____
- _____
- _____

THINGS WE LEARNT

THINGS TO WORK ON

· ·

DATE: _____ **LESSON:** _____

MATERIALS

- _____
- _____
- _____
- _____
- _____
- _____
- _____
- _____
- _____

THINGS WE LEARNT

THINGS TO WORK ON

DOG TRAINING LOG

DATE: **LESSON:**

MATERIALS

THINGS WE LEARNT

- _____
- _____
- _____
- _____
- _____
- _____
- _____
- _____
- _____
- _____

THINGS TO WORK ON

· ·

DATE: **LESSON:**

MATERIALS

THINGS WE LEARNT

- _____
- _____
- _____
- _____
- _____
- _____
- _____
- _____
- _____

THINGS TO WORK ON

DOG TRAINING LOG

DATE: **LESSON:**

MATERIALS

- _____
- _____
- _____
- _____
- _____
- _____
- _____
- _____
- _____
- _____

THINGS WE LEARNT

THINGS TO WORK ON

....

DATE: **LESSON:**

MATERIALS

- _____
- _____
- _____
- _____
- _____
- _____
- _____
- _____
- _____
- _____

THINGS WE LEARNT

THINGS TO WORK ON

DOG TRAINING LOG

DATE: **LESSON:**

MATERIALS

- _____
- _____
- _____
- _____
- _____
- _____
- _____
- _____
- _____
- _____

THINGS WE LEARNT

THINGS TO WORK ON

• •

DATE: **LESSON:**

MATERIALS

- _____
- _____
- _____
- _____
- _____
- _____
- _____
- _____
- _____

THINGS WE LEARNT

THINGS TO WORK ON

DOG TRAINING LOG

DATE: _____ **LESSON:** _____

MATERIALS

- _____
- _____
- _____
- _____
- _____
- _____
- _____
- _____
- _____

THINGS WE LEARNT

THINGS TO WORK ON

• •

DATE: _____ **LESSON:** _____

MATERIALS

- _____
- _____
- _____
- _____
- _____
- _____
- _____
- _____
- _____

THINGS WE LEARNT

THINGS TO WORK ON

DOG TRAINING LOG

DATE: **LESSON:**

MATERIALS

- _____
- _____
- _____
- _____
- _____
- _____
- _____
- _____
- _____
- _____

THINGS WE LEARNT

THINGS TO WORK ON

· ·

DATE: **LESSON:**

MATERIALS

- _____
- _____
- _____
- _____
- _____
- _____
- _____
- _____
- _____
- _____

THINGS WE LEARNT

THINGS TO WORK ON

DOG TRAINING LOG

DATE: _____ **LESSON:** _____

MATERIALS

- _____
- _____
- _____
- _____
- _____
- _____
- _____
- _____
- _____

THINGS WE LEARNT

THINGS TO WORK ON

· ·

DATE: _____ **LESSON:** _____

MATERIALS

- _____
- _____
- _____
- _____
- _____
- _____
- _____
- _____
- _____

THINGS WE LEARNT

THINGS TO WORK ON

DOG TRAINING LOG

DATE: **LESSON:**

MATERIALS

- _____
- _____
- _____
- _____
- _____
- _____
- _____
- _____
- _____
- _____

THINGS WE LEARNT

THINGS TO WORK ON

· ·

DATE: **LESSON:**

MATERIALS

- _____
- _____
- _____
- _____
- _____
- _____
- _____
- _____
- _____

THINGS WE LEARNT

THINGS TO WORK ON

DOG TRAINING LOG

DATE: _____   **LESSON:** _____

MATERIALS

- _____
- _____
- _____
- _____
- _____
- _____
- _____
- _____
- _____
- _____

THINGS WE LEARNT

THINGS TO WORK ON

• •

DATE: _____   **LESSON:** _____

MATERIALS

- _____
- _____
- _____
- _____
- _____
- _____
- _____
- _____
- _____
- _____

THINGS WE LEARNT

THINGS TO WORK ON

DOG TRAINING LOG

DATE: _____ **LESSON:** _____

MATERIALS

- _____
- _____
- _____
- _____
- _____
- _____
- _____
- _____
- _____
- _____

THINGS WE LEARNT

THINGS TO WORK ON

DATE: _____ **LESSON:** _____

MATERIALS

- _____
- _____
- _____
- _____
- _____
- _____
- _____
- _____
- _____
- _____

THINGS WE LEARNT

THINGS TO WORK ON

DOG TRAINING LOG

DATE: **LESSON:**

MATERIALS

- _____
- _____
- _____
- _____
- _____
- _____
- _____
- _____
- _____
- _____

THINGS WE LEARNT

THINGS TO WORK ON

• •

DATE: **LESSON:**

MATERIALS

- _____
- _____
- _____
- _____
- _____
- _____
- _____
- _____
- _____
- _____

THINGS WE LEARNT

THINGS TO WORK ON

DOG TRAINING LOG

DATE: _____   **LESSON:** _____

MATERIALS

- _____
- _____
- _____
- _____
- _____
- _____
- _____
- _____
- _____
- _____

THINGS WE LEARNT

THINGS TO WORK ON

- -

DATE: _____   **LESSON:** _____

MATERIALS

- _____
- _____
- _____
- _____
- _____
- _____
- _____
- _____
- _____
- _____

THINGS WE LEARNT

THINGS TO WORK ON

DOG TRAINING LOG

DATE: **LESSON:**

MATERIALS

- _____
- _____
- _____
- _____
- _____
- _____
- _____
- _____
- _____

THINGS WE LEARNT

THINGS TO WORK ON

. . . .

DATE: **LESSON:**

MATERIALS

- _____
- _____
- _____
- _____
- _____
- _____
- _____
- _____
- _____

THINGS WE LEARNT

THINGS TO WORK ON

DOG TRAINING LOG

DATE: _____ **LESSON:** _____

MATERIALS

- _____
- _____
- _____
- _____
- _____
- _____
- _____
- _____
- _____
- _____

THINGS WE LEARNT

THINGS TO WORK ON

· ·

DATE: _____ **LESSON:** _____

MATERIALS

- _____
- _____
- _____
- _____
- _____
- _____
- _____
- _____
- _____
- _____

THINGS WE LEARNT

THINGS TO WORK ON

DOG TRAINING LOG

DATE: _____ **LESSON:** _____

MATERIALS

- _____
- _____
- _____
- _____
- _____
- _____
- _____
- _____
- _____
- _____

THINGS WE LEARNT

THINGS TO WORK ON

• •

DATE: _____ **LESSON:** _____

MATERIALS

- _____
- _____
- _____
- _____
- _____
- _____
- _____
- _____
- _____
- _____

THINGS WE LEARNT

THINGS TO WORK ON

DOG TRAINING LOG

DATE: _____ **LESSON:** _____

MATERIALS

- _____
- _____
- _____
- _____
- _____
- _____
- _____
- _____
- _____
- _____

THINGS WE LEARNT

THINGS TO WORK ON

....

DATE: _____ **LESSON:** _____

MATERIALS

- _____
- _____
- _____
- _____
- _____
- _____
- _____
- _____
- _____

THINGS WE LEARNT

THINGS TO WORK ON

DOG TRAINING LOG

DATE: **LESSON:**

MATERIALS

- _____
- _____
- _____
- _____
- _____
- _____
- _____
- _____
- _____

THINGS WE LEARNT

THINGS TO WORK ON

• •

DATE: **LESSON:**

MATERIALS

- _____
- _____
- _____
- _____
- _____
- _____
- _____
- _____
- _____

THINGS WE LEARNT

THINGS TO WORK ON

DOG TRAINING LOG

DATE: **LESSON:**

MATERIALS

- _____
- _____
- _____
- _____
- _____
- _____
- _____
- _____
- _____

THINGS WE LEARNT

THINGS TO WORK ON

• •

DATE: **LESSON:**

MATERIALS

- _____
- _____
- _____
- _____
- _____
- _____
- _____
- _____
- _____

THINGS WE LEARNT

THINGS TO WORK ON

DOG TRAINING LOG

DATE: ⬚⬚⬚⬚⬚⬚⬚⬚⬚⬚⬚ **LESSON:** ⬚⬚⬚⬚⬚⬚⬚⬚⬚⬚⬚⬚⬚⬚⬚

MATERIALS

- _____
- _____
- _____
- _____
- _____
- _____
- _____
- _____
- _____

THINGS WE LEARNT

THINGS TO WORK ON

· ·

DATE: ⬚⬚⬚⬚⬚⬚⬚⬚⬚⬚⬚ **LESSON:** ⬚⬚⬚⬚⬚⬚⬚⬚⬚⬚⬚⬚⬚⬚⬚

MATERIALS

- _____
- _____
- _____
- _____
- _____
- _____
- _____
- _____
- _____

THINGS WE LEARNT

THINGS TO WORK ON

DOG TRAINING LOG

DATE: _____   **LESSON:** _____

MATERIALS

- _____
- _____
- _____
- _____
- _____
- _____
- _____
- _____
- _____
- _____

THINGS WE LEARNT

THINGS TO WORK ON

· ·

DATE: _____   **LESSON:** _____

MATERIALS

- _____
- _____
- _____
- _____
- _____
- _____
- _____
- _____
- _____
- _____

THINGS WE LEARNT

THINGS TO WORK ON

DOG TRAINING LOG

DATE: _____ **LESSON:** _____

MATERIALS

- _____
- _____
- _____
- _____
- _____
- _____
- _____
- _____
- _____

THINGS WE LEARNT

THINGS TO WORK ON

• •

DATE: _____ **LESSON:** _____

MATERIALS

- _____
- _____
- _____
- _____
- _____
- _____
- _____
- _____
- _____

THINGS WE LEARNT

THINGS TO WORK ON

DOG TRAINING LOG

DATE: **LESSON:**

MATERIALS

- _____
- _____
- _____
- _____
- _____
- _____
- _____
- _____
- _____
- _____

THINGS WE LEARNT

THINGS TO WORK ON

• •

DATE: **LESSON:**

MATERIALS

- _____
- _____
- _____
- _____
- _____
- _____
- _____
- _____
- _____
- _____

THINGS WE LEARNT

THINGS TO WORK ON

DOG TRAINING LOG

DATE: _____ **LESSON:** _____

MATERIALS

- _____
- _____
- _____
- _____
- _____
- _____
- _____
- _____
- _____
- _____

THINGS WE LEARNT

THINGS TO WORK ON

· ·

DATE: _____ **LESSON:** _____

MATERIALS

- _____
- _____
- _____
- _____
- _____
- _____
- _____
- _____
- _____

THINGS WE LEARNT

THINGS TO WORK ON

DOG TRAINING LOG

DATE: **LESSON:**

MATERIALS

- _____
- _____
- _____
- _____
- _____
- _____
- _____
- _____
- _____
- _____

THINGS WE LEARNT

THINGS TO WORK ON

• •

DATE: **LESSON:**

MATERIALS

- _____
- _____
- _____
- _____
- _____
- _____
- _____
- _____
- _____
- _____

THINGS WE LEARNT

THINGS TO WORK ON

DOG TRAINING LOG

DATE: _____   **LESSON:** _____

MATERIALS

- _____
- _____
- _____
- _____
- _____
- _____
- _____
- _____
- _____

THINGS WE LEARNT

THINGS TO WORK ON

· ·

DATE: _____   **LESSON:** _____

MATERIALS

- _____
- _____
- _____
- _____
- _____
- _____
- _____
- _____
- _____

THINGS WE LEARNT

THINGS TO WORK ON

DOG TRAINING LOG

DATE: **LESSON:**

MATERIALS

- _____
- _____
- _____
- _____
- _____
- _____
- _____
- _____
- _____
- _____

THINGS WE LEARNT

THINGS TO WORK ON

• •

DATE: **LESSON:**

MATERIALS

- _____
- _____
- _____
- _____
- _____
- _____
- _____
- _____
- _____

THINGS WE LEARNT

THINGS TO WORK ON

DOG TRAINING LOG

DATE: LESSON:

MATERIALS

- _____
- _____
- _____
- _____
- _____
- _____
- _____
- _____
- _____
- _____

THINGS WE LEARNT

THINGS TO WORK ON

DATE: LESSON:

MATERIALS

- _____
- _____
- _____
- _____
- _____
- _____
- _____
- _____
- _____

THINGS WE LEARNT

THINGS TO WORK ON

DOG TRAINING LOG

DATE:　　　　　　　**LESSON:**

MATERIALS

- _____
- _____
- _____
- _____
- _____
- _____
- _____
- _____
- _____
- _____

THINGS WE LEARNT

THINGS TO WORK ON

· ·

DATE:　　　　　　　**LESSON:**

MATERIALS

- _____
- _____
- _____
- _____
- _____
- _____
- _____
- _____
- _____

THINGS WE LEARNT

THINGS TO WORK ON

DOG TRAINING LOG

DATE: **LESSON:**

MATERIALS

- _____
- _____
- _____
- _____
- _____
- _____
- _____
- _____
- _____
- _____

THINGS WE LEARNT

THINGS TO WORK ON

....

DATE: **LESSON:**

MATERIALS

- _____
- _____
- _____
- _____
- _____
- _____
- _____
- _____
- _____
- _____

THINGS WE LEARNT

THINGS TO WORK ON

DOG TRAINING LOG

DATE: **LESSON:**

MATERIALS

- _____
- _____
- _____
- _____
- _____
- _____
- _____
- _____
- _____
- _____

THINGS WE LEARNT

THINGS TO WORK ON

• •

DATE: **LESSON:**

MATERIALS

- _____
- _____
- _____
- _____
- _____
- _____
- _____
- _____
- _____
- _____

THINGS WE LEARNT

THINGS TO WORK ON

DOG TRAINING LOG

DATE: _____ **LESSON:** _____

MATERIALS

- _____
- _____
- _____
- _____
- _____
- _____
- _____
- _____
- _____

THINGS WE LEARNT

THINGS TO WORK ON

· ·

DATE: _____ **LESSON:** _____

MATERIALS

- _____
- _____
- _____
- _____
- _____
- _____
- _____
- _____
- _____

THINGS WE LEARNT

THINGS TO WORK ON

DOG TRAINING LOG

DATE: _____ **LESSON:** _____

MATERIALS

- _____
- _____
- _____
- _____
- _____
- _____
- _____
- _____
- _____
- _____

THINGS WE LEARNT

THINGS TO WORK ON

• •

DATE: _____ **LESSON:** _____

MATERIALS

- _____
- _____
- _____
- _____
- _____
- _____
- _____
- _____
- _____
- _____

THINGS WE LEARNT

THINGS TO WORK ON

DOG TRAINING LOG

DATE: _____ **LESSON:** _____

MATERIALS

- _____
- _____
- _____
- _____
- _____
- _____
- _____
- _____
- _____
- _____

THINGS WE LEARNT

THINGS TO WORK ON

· ·

DATE: _____ **LESSON:** _____

MATERIALS

- _____
- _____
- _____
- _____
- _____
- _____
- _____
- _____
- _____
- _____

THINGS WE LEARNT

THINGS TO WORK ON

DOG TRAINING LOG

DATE: _____ **LESSON:** _____

MATERIALS

- _____
- _____
- _____
- _____
- _____
- _____
- _____
- _____
- _____
- _____

THINGS WE LEARNT

THINGS TO WORK ON

· ·

DATE: _____ **LESSON:** _____

MATERIALS

- _____
- _____
- _____
- _____
- _____
- _____
- _____
- _____
- _____
- _____

THINGS WE LEARNT

THINGS TO WORK ON

DOG TRAINING LOG

DATE: **LESSON:**

MATERIALS

- _____
- _____
- _____
- _____
- _____
- _____
- _____
- _____
- _____
- _____

THINGS WE LEARNT

THINGS TO WORK ON

- -

DATE: **LESSON:**

MATERIALS

- _____
- _____
- _____
- _____
- _____
- _____
- _____
- _____
- _____
- _____

THINGS WE LEARNT

THINGS TO WORK ON

DOG TRAINING LOG

DATE: **LESSON:**

MATERIALS

- _____
- _____
- _____
- _____
- _____
- _____
- _____
- _____
- _____

THINGS WE LEARNT

THINGS TO WORK ON

· ·

DATE: **LESSON:**

MATERIALS

- _____
- _____
- _____
- _____
- _____
- _____
- _____
- _____
- _____

THINGS WE LEARNT

THINGS TO WORK ON

DOG TRAINING LOG

DATE: _____ **LESSON:** _____

MATERIALS

- _____
- _____
- _____
- _____
- _____
- _____
- _____
- _____
- _____
- _____

THINGS WE LEARNT

THINGS TO WORK ON

· ·

DATE: _____ **LESSON:** _____

MATERIALS

- _____
- _____
- _____
- _____
- _____
- _____
- _____
- _____
- _____
- _____

THINGS WE LEARNT

THINGS TO WORK ON

DOG TRAINING LOG

DATE: _____   **LESSON:** _____

MATERIALS

- _____
- _____
- _____
- _____
- _____
- _____
- _____
- _____
- _____
- _____

THINGS WE LEARNT

THINGS TO WORK ON

· ·

DATE: _____   **LESSON:** _____

MATERIALS

- _____
- _____
- _____
- _____
- _____
- _____
- _____
- _____
- _____
- _____

THINGS WE LEARNT

THINGS TO WORK ON

DOG TRAINING LOG

DATE: _____ **LESSON:** _____

MATERIALS

- _____
- _____
- _____
- _____
- _____
- _____
- _____
- _____
- _____
- _____

THINGS WE LEARNT

THINGS TO WORK ON

· ·

DATE: _____ **LESSON:** _____

MATERIALS

- _____
- _____
- _____
- _____
- _____
- _____
- _____
- _____
- _____

THINGS WE LEARNT

THINGS TO WORK ON

DOG TRAINING LOG

DATE: **LESSON:**

MATERIALS

- _____
- _____
- _____
- _____
- _____
- _____
- _____
- _____
- _____

THINGS WE LEARNT

THINGS TO WORK ON

• •

DATE: **LESSON:**

MATERIALS

- _____
- _____
- _____
- _____
- _____
- _____
- _____
- _____
- _____

THINGS WE LEARNT

THINGS TO WORK ON

DOG TRAINING LOG

DATE: _____   **LESSON:** _____

MATERIALS

- _____
- _____
- _____
- _____
- _____
- _____
- _____
- _____
- _____
- _____

THINGS WE LEARNT

THINGS TO WORK ON

· ·

DATE: _____   **LESSON:** _____

MATERIALS

- _____
- _____
- _____
- _____
- _____
- _____
- _____
- _____
- _____
- _____

THINGS WE LEARNT

THINGS TO WORK ON

DOG TRAINING LOG

DATE: **LESSON:**

MATERIALS

- _____
- _____
- _____
- _____
- _____
- _____
- _____
- _____
- _____
- _____

THINGS WE LEARNT

THINGS TO WORK ON

• •

DATE: **LESSON:**

MATERIALS

- _____
- _____
- _____
- _____
- _____
- _____
- _____
- _____
- _____

THINGS WE LEARNT

THINGS TO WORK ON

DOG TRAINING LOG

DATE: _____ **LESSON:** _____

MATERIALS

- _____
- _____
- _____
- _____
- _____
- _____
- _____
- _____
- _____

THINGS WE LEARNT

THINGS TO WORK ON

• •

DATE: _____ **LESSON:** _____

MATERIALS

- _____
- _____
- _____
- _____
- _____
- _____
- _____
- _____
- _____

THINGS WE LEARNT

THINGS TO WORK ON

DOG TRAINING LOG

DATE: **LESSON:**

MATERIALS

- _____
- _____
- _____
- _____
- _____
- _____
- _____
- _____
- _____
- _____

THINGS WE LEARNT

THINGS TO WORK ON

• •

DATE: **LESSON:**

MATERIALS

- _____
- _____
- _____
- _____
- _____
- _____
- _____
- _____
- _____
- _____

THINGS WE LEARNT

THINGS TO WORK ON

DOG TRAINING LOG

DATE: **LESSON:**

MATERIALS

- _____
- _____
- _____
- _____
- _____
- _____
- _____
- _____
- _____
- _____

THINGS WE LEARNT

THINGS TO WORK ON

• •

DATE: **LESSON:**

MATERIALS

- _____
- _____
- _____
- _____
- _____
- _____
- _____
- _____
- _____
- _____

THINGS WE LEARNT

THINGS TO WORK ON

DOG TRAINING LOG

DATE: _____ **LESSON:** _____

MATERIALS

- _____
- _____
- _____
- _____
- _____
- _____
- _____
- _____
- _____
- _____

THINGS WE LEARNT

THINGS TO WORK ON

• •

DATE: _____ **LESSON:** _____

MATERIALS

- _____
- _____
- _____
- _____
- _____
- _____
- _____
- _____
- _____
- _____

THINGS WE LEARNT

THINGS TO WORK ON

DOG TRAINING LOG

DATE: _____ **LESSON:** _____

MATERIALS

- _____
- _____
- _____
- _____
- _____
- _____
- _____
- _____
- _____
- _____

THINGS WE LEARNT

THINGS TO WORK ON

• •

DATE: _____ **LESSON:** _____

MATERIALS

- _____
- _____
- _____
- _____
- _____
- _____
- _____
- _____
- _____

THINGS WE LEARNT

THINGS TO WORK ON

DOG TRAINING LOG

DATE: **LESSON:**

MATERIALS   THINGS WE LEARNT

THINGS TO WORK ON

• •

DATE: **LESSON:**

MATERIALS   THINGS WE LEARNT

THINGS TO WORK ON

DOG TRAINING LOG

DATE: _____   **LESSON:** _____

MATERIALS

- _____
- _____
- _____
- _____
- _____
- _____
- _____
- _____
- _____

THINGS WE LEARNT

THINGS TO WORK ON

• •

DATE: _____   **LESSON:** _____

MATERIALS

- _____
- _____
- _____
- _____
- _____
- _____
- _____
- _____
- _____

THINGS WE LEARNT

THINGS TO WORK ON

DOG TRAINING LOG

DATE: **LESSON:**

MATERIALS

- _____
- _____
- _____
- _____
- _____
- _____
- _____
- _____
- _____
- _____

THINGS WE LEARNT

THINGS TO WORK ON

• •

DATE: **LESSON:**

MATERIALS

- _____
- _____
- _____
- _____
- _____
- _____
- _____
- _____
- _____

THINGS WE LEARNT

THINGS TO WORK ON

DOG TRAINING LOG

DATE: _____ **LESSON:** _____

MATERIALS

- _____
- _____
- _____
- _____
- _____
- _____
- _____
- _____
- _____
- _____

THINGS WE LEARNT

THINGS TO WORK ON

- -

DATE: _____ **LESSON:** _____

MATERIALS

- _____
- _____
- _____
- _____
- _____
- _____
- _____
- _____
- _____
- _____

THINGS WE LEARNT

THINGS TO WORK ON

DOG TRAINING LOG

DATE: _____   **LESSON:** _____

MATERIALS

- _____
- _____
- _____
- _____
- _____
- _____
- _____
- _____
- _____
- _____

THINGS WE LEARNT

THINGS TO WORK ON

• •

DATE: _____   **LESSON:** _____

MATERIALS

- _____
- _____
- _____
- _____
- _____
- _____
- _____
- _____
- _____

THINGS WE LEARNT

THINGS TO WORK ON

DOG TRAINING LOG

DATE: **LESSON:**

MATERIALS

THINGS WE LEARNT

- _____
- _____
- _____
- _____
- _____
- _____
- _____
- _____
- _____
- _____

THINGS TO WORK ON

• •

DATE: **LESSON:**

MATERIALS

THINGS WE LEARNT

- _____
- _____
- _____
- _____
- _____
- _____
- _____
- _____
- _____
- _____

THINGS TO WORK ON

DOG TRAINING LOG

DATE: **LESSON:**

MATERIALS

- _____
- _____
- _____
- _____
- _____
- _____
- _____
- _____
- _____
- _____

THINGS WE LEARNT

THINGS TO WORK ON

• •

DATE: **LESSON:**

MATERIALS

- _____
- _____
- _____
- _____
- _____
- _____
- _____
- _____
- _____
- _____

THINGS WE LEARNT

THINGS TO WORK ON

DOG TRAINING LOG

DATE: _____ **LESSON:** _____

MATERIALS

- _____
- _____
- _____
- _____
- _____
- _____
- _____
- _____
- _____

THINGS WE LEARNT

THINGS TO WORK ON

· ·

DATE: _____ **LESSON:** _____

MATERIALS

- _____
- _____
- _____
- _____
- _____
- _____
- _____
- _____
- _____

THINGS WE LEARNT

THINGS TO WORK ON

DOG TRAINING LOG

DATE: **LESSON:**

MATERIALS

- [ ] _____
- [ ] _____
- [ ] _____
- [ ] _____
- [ ] _____
- [ ] _____
- [ ] _____
- [ ] _____
- [ ] _____
- [ ] _____

THINGS WE LEARNT

THINGS TO WORK ON

• •

DATE: **LESSON:**

MATERIALS

- [ ] _____
- [ ] _____
- [ ] _____
- [ ] _____
- [ ] _____
- [ ] _____
- [ ] _____
- [ ] _____
- [ ] _____
- [ ] _____

THINGS WE LEARNT

THINGS TO WORK ON

DOG TRAINING LOG

DATE: **LESSON:**

MATERIALS

- _____
- _____
- _____
- _____
- _____
- _____
- _____
- _____
- _____
- _____

THINGS WE LEARNT

THINGS TO WORK ON

• •

DATE: **LESSON:**

MATERIALS

- _____
- _____
- _____
- _____
- _____
- _____
- _____
- _____
- _____
- _____

THINGS WE LEARNT

THINGS TO WORK ON

DOG TRAINING LOG

DATE: _____ **LESSON:** _____

MATERIALS

- _____
- _____
- _____
- _____
- _____
- _____
- _____
- _____
- _____
- _____

THINGS WE LEARNT

THINGS TO WORK ON

• •

DATE: _____ **LESSON:** _____

MATERIALS

- _____
- _____
- _____
- _____
- _____
- _____
- _____
- _____
- _____
- _____

THINGS WE LEARNT

THINGS TO WORK ON

DOG TRAINING LOG

DATE: _____ **LESSON:** _____

MATERIALS

- _____
- _____
- _____
- _____
- _____
- _____
- _____
- _____
- _____
- _____

THINGS WE LEARNT

THINGS TO WORK ON

- -

DATE: _____ **LESSON:** _____

MATERIALS

- _____
- _____
- _____
- _____
- _____
- _____
- _____
- _____
- _____
- _____

THINGS WE LEARNT

THINGS TO WORK ON

DOG TRAINING LOG

DATE: **LESSON:**

MATERIALS

- _____
- _____
- _____
- _____
- _____
- _____
- _____
- _____
- _____

THINGS WE LEARNT

THINGS TO WORK ON

• •

DATE: **LESSON:**

MATERIALS

- _____
- _____
- _____
- _____
- _____
- _____
- _____
- _____
- _____

THINGS WE LEARNT

THINGS TO WORK ON

Made in the USA
Middletown, DE
11 August 2021